AF224471

LA FRANCE

ET

LA PRUSSE

DEVANT L'EUROPE

Bruxelles. — Imp. de Ch. et A. Vanderauwera, rue de la Sablonnière, 8.

LA FRANCE

ET

LA PRUSSE

DEVANT

L'EUROPE

PAR

LE COMTE D'HAUSSONVILLE

Membre de l'Académie française.

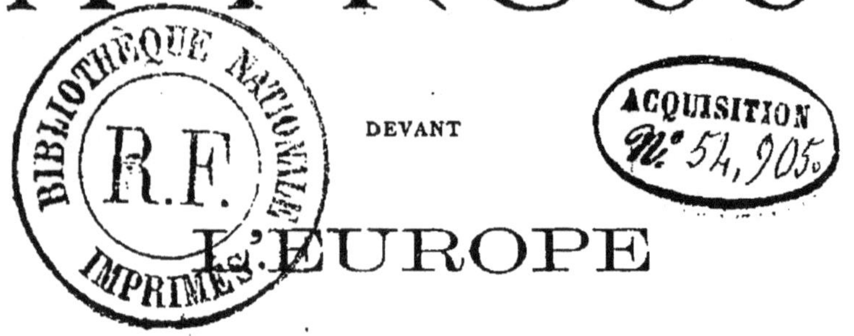

Bruxelles

LIBRAIRIE UNIVERSELLE DE J. ROZEZ

RUE DE LA MADELEINE, 87.

1870

7 novembre 1870.

Monsieur le Rédacteur,

Vous avez sans doute trouvé, comme moi, que M. Jules Favre avait eu cent fois raison lorsque, prenant la direction des affaires étrangères, il a commencé par reconnaître de bonne foi ce principe du droit des gens : qu'une nation est toujours responsable du gouvernement qu'elle s'est donné. Les cabinets européens n'ont pas, en effet, à s'informer aujourd'hui si, parmi nous, les uns ont accepté, les autres subi le coup d'État du 2 Décembre. Victimes, dupes ou complices, nous ne sommes pas admis à plaider, devant eux, les circonstances atténuantes. Ils ne sont pas tenus de savoir si nous avons, au fond de nos consciences, approuvé ou blâmé la politique extérieure de Napoléon III. Que nous ayons, de gaieté de cœur, souhaité la présente guerre, ou que nous nous y soyons laissé entraîner avec tristesse, cela ne les regarde point. Nous avons à nos risques et périls fait de Napoléon III notre maître. Il ne nous a point convenu de mettre obstacle à la politique des vingt dernières années ; nous nous sommes laissé mener en guerre il y a trois mois. Cette politique et cette guerre nous sont donc justement imputables. Les cabinets de Londres, de Saint-Pétersbourg, de Vienne et de Turin ont bien consenti à intervenir amiablement entre la Prusse et nous ; mais si la Prusse n'est point raisonnable, si elle met à l'armistice des conditions contraires au bon sens, et à notre honneur, que peut y faire l'Europe ? Nous avons créé cet état des choses, et c'est à nous d'en supporter toutes les conséquences.

Théoriquement, je ne vois rien à répondre, monsieur le rédacteur, à cette thèse des puissances étrangères. Leur façon d'apprécier notre situation est certainement sévère, et leur langage est impitoyable. Somme toute, elles ont raison. Humilions-nous, puisqu'il le faut, et frappons-nous la poitrine. Cependant, après avoir courbé la tête comme il est juste, sous le sentiment de nos fautes, redressons-la un peu pour regarder en face, et pour juger nous-mêmes, à notre tour, ceux qui, dans notre infortune, nous jugent aussi cruellement. Vous savez si j'ai ménagé les vérités, à notre cher pays, alors que dans un moment de folle terreur, il s'est jeté au bras du prétendu sauveur qui ne pouvait, hélas ! que le conduire à sa ruine. Mais justement parce que, d'une voix un peu rude, je lui ai tant de fois reproché ses fatales complaisances envers le despote aujourd'hui déchu, justement parce que je l'ai pris alors à partie et rendu responsable des actes d'iniquité que, par sa molle indifférence, il a laissé s'accomplir, peut-être trouverez-vous que j'ai acquis le droit de me retourner du côté de ses accusateurs, et de leur demander s'ils sont bien sûrs que nous ayons été les seuls coupables. Oui, nous nous sommes trompés et ce fut une sottise ; oui, nous avons été faibles, et ce fut une faute. Oui, nous avons consenti à être conduits jusqu'au bord de l'abîme, et c'est une honte ; mais les alliés du vainqueur de Sébastopol et de Solférino, n'ont-ils pas eu aussi leur quart d'heure d'illusion et de fâcheuse connivence? Vraiment, on dirait qu'ils n'ont pas tour à tour choyé, et courtisé à l'envi l'homme étrange qui n'est plus désormais pour eux que le vaincu de Sedan. Ni les approbations, ni les encouragements ne lui ont pourtant manqué quand il a fait son apparition sur la scène du monde. Il lui en est arrivé en foule de toutes parts, aussi bien des rivages de la Manche que des pays d'au delà du Rhin. C'est pourquoi, parmi ces cabinets si unanimes pour nous appliquer aujourd'hui à toute rigueur les lois d'une inexorable justice, je veux chercher quel est celui qui, n'ayant jamais failli, osera bien jeter la première pierre. Après quoi j'examinerai, si vous le voulez bien, la question de savoir si les cabinets étrangers suivent une sage politique en se montrant aussi faibles aujourd'hui vis-à-vis du roi Guillaume qu'ils étaient complaisants naguère pour l'empereur Napoléon III.

Ou je me trompe, ou l'imprévoyance est un défaut capital chez un individu, plus fâcheux quand il s'agit d'une nation tout entière, complétement impardonnable chez les personnages politiques qui s'intitulent hommes d'État, et se mêlent par profession de gouverner les autres. A coup sûr, la France a manqué de sagacité lorsqu'elle a remis le soin de ses destinées à un Bonaparte, et l'événement n'a que trop démontré combien elle était mal inspirée lorsque, afin de se procurer la paix, elle a voté pour l'empire. Soyons justes, toutefois, et convenons qu'au nombre des souvenirs réveillés par le nom de Napoléon, il y en avait plus d'un, monsieur le rédacteur, qui rendait assez excusable l'erreur de la majorité de nos concitoyens. Si les amis de l'ordre à tout prix, si les partisans d'une administration régulière se sont de préférence rappelé les sages mesures du premier consul, quòi d'étonnant! Si les imaginations éprises avant tout de gloire militaire ont surtout songé aux immortelles victoires du premier empereur, quoi de plus naturel encore? Ce qui est moins naturel, ce qui est, au contraire, bien singulier, ce dont, pour ma part, je ne pourrai jamais me rendre compte, c'est que l'Europe ait paru se complaire à subir elle-même, et non moins que la France, cette fascination rétrospective du Consulat et du premier Empire. Pour elle, c'était renier sa propre histoire, rompre avec tout son passé, tourner le dos à toutes ses traditions, mettre sous ses pieds je ne sais combien d'anciens griefs, et des rancunes qu'on croyait incurables. Cela ne lui a pourtant rien coûté. La plupart des puissances étrangères avaient, en 1830, fait tant soit peu languir, avant de le reconnaître, le pacifique roi Louis-Philippe. Elles avaient également consulté leurs aises avant d'entrer en rapports officiels avec l'inoffensive république de 1848. Mais dès qu'il leur fut possible d'aller saluer sur son trône, en 1852, le restaurateur de la redoutable dynastie des Napoléon, ces mêmes puissances ont été toutes pleines d'ardeur et de feu. Entre les membres du corps diplomatique, l'émulation fut extrême à qui remettrait le premier ses lettres de créance, et l'on vit à ce propos s'engager à Paris une véritable course au clocher. Avez-vous jamais su quel heureux ministre eut la bonne fortune de devancer tous ses collègues? Ce fut le représentant de Sa Majesté le roi de Naples. Pour se procurer un avantage aussi envié, il n'y avait sans doute pas de moyens qui ne fussent légitimes. Voici celui dont s'avisa M. le baron Antonini : prévoyant que l'empire était proche, il s'était fait envoyer d'avance par sa cour de nouvelles lettres de créance avec la date en blanc. A l'heure voulue, il l'avait mise lui-même de sa main ; et c'est ainsi qu'au grand désespoir de ses collègues, le ministre napolitain avait pu se présenter triomphant, dès le 3 décembre, à l'audience officielle des Tuileries, tandis que, malgré toute sa diligence, le ministre d'Angleterre, lord Cowley, n'y fut reçu que trois jours après lui.

Il y eut cependant une puissance, en Europe, qui fît mieux encore. Se jeter hâtivement à la tête de l'empire, quand il était déjà fondé, cela n'eut pas suffi au zèle de l'Autriche. Elle crut habile de prendre par avance sous sa protection les ambitieux desseins du prince-président. A peine Louis-Napoléon, fatigué de la république, eut-il laissé tomber, à ce sujet, quelques vagues et nonchalantes paroles, que les saisissant au vol, le prince de Schwarzenberg s'en faisait, auprès des autres cabinets, le complaisant commentateur. On ne laissa pas que d'être surpris, en Angleterre et ailleurs, par la chaleur extraordinaire que mettait le ministre d'Autriche à faire valoir la cause de son client. Brusquement enlevé par la mort, avant le rétablissement de l'empire, le prince de Schwarzenberg n'a pas eu la satisfaction de savoir à quel point ses éloquents plaidoyers avaient eu le don de persuader l'Europe. Cette joie, l'ancien chancelier de la cour aulique, le vieux prince de Metternich eut le bonheur de la savourer tout entrière. Il avait peine à s'en taire, et ce fut l'entretien favori de ses dernières années. Voyez, cependant, à quoi mènent l'expérience d'une longue vie, et le continuel maniement des grandes affaires de ce bas monde! Aux yeux du premier promoteur de la Sainte-Alliance et du fanatique partisan des traités de 1815, non-seulement l'avénement de Napoléon III était une garantie de paix pour l'Europe, mais l'Autriche devait y trouver la plus sûre garantie de ses intérêts. Il n'y avait pas de brillantes déstinées que, dans son enthousiasme, ce patriarche de la diplomatie ne prévît et ne souhaitât pour le nouvel empereur des Français. Une seule chose l'inquiétait : ce serait le cas où, cédant à de funestes excitations, il songerait un jour à se mêler des affaires de l'Italie. A coup sûr, cela serait sa perte ; mais une telle hypothèse était si peu probable, qu'il ne valait pas la peine de s'y arrêter.

Ce qu'on disait à Vienne, on le pensait à Rome. La façon dont l'ex-président s'était emparé du pouvoir en renversant une Constitution qu'il avait solennellement jurée n'avait pas causé, au Vatican, le moindre scandale. La république de 1848 avait rétabli le saint-père sur son siége apostolique; mais il est si pénible de rien devoir à une république! La protection du pouvoir absolu parut sans doute autrement efficace et autrement sûre à Pie IX; on était au 1er janvier 1853. La nouvelle de la proclamation de l'empire venait d'arriver à Rome, et le pape recevait, suivant l'usage, les félicitations du commandant de l'armée française, le général Gemeau. Avec une ouverture de cœur qui ne tenait certes pas du don de prophétie, Pie IX voulut saisir cette occasion d'exprimer publiquement ce qu'il pensait de la résurrection à Paris de cet ancien gouvernement impérial, qui avait naguère tenu en si longue captivité l'un de ses plus vertueux prédécesseurs. Chose étrange! ses paroles respiraient la plus entière confiance : « Le sentiment de joie qu'éprouvait toujours Sa Sainteté, en se voyant entourée de l'armée française, s'accroissait encore en ce jour, quand elle reportait sa pensée vers les événements récemment accomplis. Ces événements ajoutaient, en effet, aux titres de reconnaissance si naturellement due à la vaillante armée qui a préservé la France et l'Europe des excès funestes et sanguinaires tramés par les hommes d'anarchie. C'est pourquoi, avec une effusion toute particulière, il se plaisait à bénir la nation française, son armée et son chef. » Quelle puissante ironie du sort, monsieur le rédacteur, dans le rapprochement qui nous montre au premier rang, parmi les souverains les plus empressés à saluer l'avénement au trône de Napoléon III, un empereur d'Autriche, un roi de Naples et le pape Pie IX !

Aux yeux des personnes mal informées, la Russie avait eu l'apparence d'un peu de froideur. On attribuait à sa réserve les retards apportés à la remise des lettres de créance de son ministre, M. de Kisseleff. En réalité, il n'en était rien. Autant et plus que les autres potentats de l'Europe, le czar avait été charmé de l'heureux changement qui allait faire connaître aux turbulents habitants de Paris les agréments du régime dont ses sujets jouissaient à Saint-Pétersbourg et à Moscou. C'était une question de protocole qui avait arrêté un instant la bonne volonté de l'empereur Nicolas. Entre les deux monarchies, la différence d'origine était si grande qu'il était impossible de n'en pas faire sentir quelque chose par la teneur même de la lettre que M. de Kisseleff serait chargé de porter aux Tuileries. Le czar de toutes les Russies était un prince de droit divin. L'empereur des Français ne tenait sa couronne que de la souveraineté populaire. Il était un produit de l'élection. Comment, dès lors, s'adresser à lui en l'appelant « monsieur mon frère. » La chancellerie moscovite reculait avec effroi devant une pareille énormité. Cependant, les cabinets de Vienne et de Berlin, par suite de leur déférence de vieille date pour la cour de Saint-Pétersbourg, avaient promis de l'attendre et de ne passer qu'après elle. S'ils ne se gênaient guère pour traiter tout bas de ridicule la fantaisie du czar, ils n'osaient pas la contrarier en prenant d'eux-mêmes les devants sur leurs collègues de Russie. Dieu sait le temps qu'aurait traîné cette importante affaire, sans le sage parti auquel s'arrêta le nouveau gouvernement français. Que lui importait une puérile question d'étiquette, quand, au fond, il avait obtenu tout ce dont il avait réellemeut besoin? Le 5 janvier M. de Kisseleff fut donc admis à présenter ses lettres de créance, sur lesquelles l'empereur ne jeta, à dessein, qu'un coup d'œil distrait, et tout heureux de pouvoir remettre aussi les leurs, les ministres de Prusse et d'Autriche se précipitèrent également aux Tuileries.

Ainsi que je l'ai indiqué plus haut, le ministre d'Angleterre les avait tous précédés. Lord Palmerston n'avait rien eu de plus pressé, aussitôt après le coup d'État, que d'adresser ses plus vives félicitations à son auteur, sans avoir seulement pris le temps de consulter ses collègues. Il arriva même que cette précipitation lui fut plus tard imputée à mal. Elle figura parmi les griefs qui amenèrent sa chute, si bien que lord Normanby put s'écrier en toute vérité, et assez plaisamment : « C'est une drôle de politique que la nôtre. On m'a ôté mon ambassade, parce que je n'étais pas assez bien avec l'empereur des Français, et voici qu'un Palmerston quitte le ministère, parce qu'il est trop bien avec lui. »

Cette inconsistance qu'un diplomate anglais reprochait aux hommes d'État de sa nation a, pendant vingt ans, présidé, il faut le reconnaître, à la politique de tous les ministres des grandes puissances du continent. Au lieu de prendre pour règle les intérêts sérieux et permanents de leur pays, on les a vus n'écouter le plus souvent que leurs inclinations personnelles, ou bien céder à l'aveugle aux fantaisies passagères des peuples qu'ils étaient censés conduire, et qu'ils n'ont jamais pris la peine d'éclairer : toujours flottant sans dignité et sans principes au gré des circonstances, et se rapprochant ou s'écartant de Napoléon III, suivant les incidents du jour.

Cette attitude incertaine des cours étrangères n'était point de nature à commander à l'empereur beaucoup de considération pour leurs représentants à Paris. Aussi les membres du corps ne lui en imposaient guère. Volontiers, il prenait sa revanche avec eux. Ses procédés, non moins changeants que les leurs, étaient infiniment plus brusques. M. de Hubner, le représentant du chevaleresque empereur d'Autriche (ce sont les termes dont l'empereur se servait quelques jours auparavant), eut occasion de s'en apercevoir, lorsqu'à la réception du 1er janvier 1859, l'empereur lui fit, en pleine cour des Tuileries, cette vive algarade, qui étonna si fort l'Europe, et qui fut le prélude de la campagne d'Italie. Après tout, pourquoi l'empereur s'en serait-il gêné? Quelques mois seulement après les sanglantes batailles livrées dans les plaines de la Lombardie, l'heureux empereur des Français n'avait-il pas le plaisir de faire derechef les honneurs de sa cour au nouvel envoyé d'Autriche et à son élégante compagne, portant encore tous deux le deuil de leurs braves compatriotes morts à Magenta et à Solférino.

Il n'y a qu'heur et malheur en ce monde ; et Napoléon III a toujours eu cette bonne fortune que ses alliés ont toujours cru, ou se sont toujours conduits, comme s'ils croyaient à ses paroles, et que ses ennemis, quand il les a battus, ne lui ont point gardé longtemps rancune de leurs défaites. La prise de Sébastopol n'a pas empêché le czar d'envoyer son frère complimenter à Paris le puissant prince qui lui avait détruit sa flotte et confisqué les clefs des Dardanelles. Cette même guerre de Crimée ne pouvait manquer de raviver l'amitié de l'Angleterre, et vous n'avez sans doute pas oublié les tendresses ineffables de la reine Victoria pour le couple impérial. Elle n'avait risqué que de courtes visites au Tréport pendant le règne du roi Louis-Philippe. Nous avons eu l'honneur de la posséder en 1857 dans notre capitale. Depuis lors, elle n'a plus cessé d'échanger avec l'impératrice Eugénie la plus intime correspondance. La politique n'était pas étrangère à ces royales effusions.

Lorsque l'empereur inaugura l'ouverture du port militaire de Cherbourg, que nos voisins d'outre-mer ont toujours, à tort ou à raison, considéré comme une menace à leur adresse, le cabinet britannique, voulut que sa gracieuse souveraine figurât en personne à l'imposante cérémonie. Il est vrai qu'en termes fort irrévérencieux, le radical M. Roebuck lui reprocha alors assez durement d'avoir laissé souiller sa joue par l'impur contact des lèvres impériales. Mais voyez la chance de Napoléon III ! A quelques années de distance, M. Roebuck était complétement apprivoisé ; et c'est lui qui, ayant eu l'honneur de gravir l'escalier des Tuileries et de causer dix minutes avec le chef de la France, se portait, vis-à-vis de ses concitoyens, le garant du grand esprit politique et de la parfaite candeur de son auguste interlocuteur. Wighs ou torys, tous les ministres des affaires étrangères de la Grande-Bretagne, si l'on excepte lord John Russell, se sont également complu à faire son éloge, soit en public, soit en particulier. Pour lord Malmesbury, c'était une connaissance de vieille date, presque un ami. Lord Clarendon ne l'avait entièrement apprécié que plus tard, mais il n'en pensait pas moins de bien. Lord Palmerston avait été jusqu'à compromettre, pour lui être agréable, sa carrière ministérielle. Dans l'opinion de tous ces hommes considérables, jamais l'Angleterre n'avait eu affaire à un prince aussi distingué, aussi loyal, et mieux disposé pour elle. Des goûts et des couleurs il ne faut pas discuter, dit-on. Une réflexion me frappe seulement, et c'est là que j'en veux revenir. Puisque l'empereur Napoléon III avait de telles qualités, puisqu'il a réussi à mettre tour à tour sous son charme tous les souverains de l'Europe et tous leurs ministres, est-il tout à fait bienséant, à ces mêmes souverains et à ces mêmes ministres, de dégager si complétement leur responsabilité et de nous imposer à nous seuls, et de vouloir nous faire moralement porter sans partage les conséquences de la crise affreuse à laquelle l'Europe est présentement en proie?

Mais je m'aperçois que je ne vous ai point encore parlé de la Prusse. Il vaut la peine de lui ouvrir un compte à part.

Véritablement on tombe de son haut quand on lit les orgueilleuses proclamations du roi Guillaume, ses

amères diatribes contre la France et les incroyables
circulaires de son ministre, M. de Bismarck. Se figu-
rent-ils tous deux que la terre entière ait perdu la mémoire, ou bien dans l'enivrement de leur triomphe, se
seraient-ils flattés de supprimer l'histoire. Quel con-
traste, grand Dieu, entre les arrogantes prétentions
qu'ils étalent aujourd'hui et le passé de tous ces Hohenzollern! Ce sont les plus petits princes de l'Europe.
Il n'y eut jamais si médiocre lignée. Comme maison
royale, ils sont d'hier. M. de Bismarck a osé parler de
ramener la France aux frontières qu'elle possédait
avant ce qu'il appelle « les injustes conquêtes de
Louis XIV. » Avec raison M. Jules Favre lui a demandé
si son maître entendait se reconstituer de son côté
l'humble vassal de la couronne de Pologne. Qu'étaient,
en effet, il y a deux ou trois cents ans, les possesseurs
du Brandebourg, sinon d'insignifiants principicules à
moitié sauvages et presque inconnus. Remonterons-
nous plus loin? Alors, c'est le néant. Leur nom ne se
prononce même pas en dehors de leur pays. Sous le
rapport de la naissance, de la richesse, de l'illustra-
tion ou seulement de la bonne renommée, combien de
familles dans l'Italie de la renaissance et dans la
France du moyen âge n'auraient jamais consenti à
échanger leur grande situation territoriale contre les
destinées encore incertaines d'un margrave d'Anhalt.
La belle perspective qu'eussent offerte à leurs héri-
tières les Visconti de Milan, les Colonna de Rome, les
Talleyrand du Périgord, les Harcourt de Normandie,
les Rohan de la Bretagne, ou les Montmorency de
l'Ile-de-France, s'ils leur avaient proposé, au XIIe siè-

cle, d'épouser un Albert de Brandebourg, vulgairement dit l'*Ours*, et d'aller passer leur vie dans les tanières enfumées d'Aschersleben ou de Ballenstadt. Les Hohenzollern ne font figure de rois en Europe que depuis le grand Frédéric. Quand on les compare aux autres souverains dont ils voudraient se dire les pareils, ils font l'effet de parvenus ; et c'est bien en parvenus qu'ils se comportent aujourd'hui. Résister aux entraînements de la victoire est chose naturelle pour les descendants des vieilles maisons de France ou d'Autriche, car leurs dynasties sont, depuis nombre de siècles, habituées à faire face à toutes les extrémités de la fortune humaine, et la modération dans la prospérité est la véritable pierre de touche des nobles races. Comment les sucesseurs de l'électeur de Brandebourg ne se seraient-ils pas laissés enivrer par leurs derniers succès. C'est une coupe à laquelle ils n'avaient pas encore bu à si longs traits. Quoi d'extraordinaire s'ils imitent, sans le vouloir, sans s'en douter peut-être, les procédés du plus grand des parvenus, nous voulons dire de Napoléon Ier. Ces Allemands du Nord ont toujours eu soif d'imiter ce qui se passait de ce côté du Rhin. Le glorieux Frédéric lui-même, le glorieux inventeur de la stratégie moderne, était plagiaire en littérature ; et nous savons quelle peine il donnait à Voltaire pour raccommoder ses médiocres petits vers. A l'heure où je vous parle, M. de Bismarck et les hobereaux prussiens de son école, malgré leurs prétentions à l'originalité, ne cherchent-ils pas à prendre exemple sur notre ancienne société française ? Seulement ce sont des copistes maladroits, qui ne reproduiront jamais qu'imparfaitement les bons modèles. S'ils arrivent à singer la rudesse d'un Montluc, ils n'atteindront jamais à l'esprit d'un d'Aubigné ; s'ils savent s'inspirer de l'insolence d'un Louvois, ils ne sauraient nous rendre les bonnes grâces d'un Mortemart, d'un Caylus ou d'un La Ferté-Senne-terre. Mais laissons cela, et pour en revenir à des faits précis, voyons quelle a été en des temps plus récents l'attitude de la monarchie prussienne vis-à-vis de notre pays qu'elle affecte de mépriser, et particulièrement à l'égard de la première et de la deuxième république, du premier et du second empire français.

La Prusse est entrée avec ardeur dans la coalition européenne de 1792, mais elle s'est montrée encore plus pressée d'en sortir. Dès le printemps de 1795, elle avait faussé compagnie à ses alliés, et, pour assurer sa paix avec nous, elle nous avait par traité secret, garanti la possession de la rive gauche du Rhin, Depuis lors, elle s'est tenue tranquille, vivant en bons termes avec le Directoire, professant une amitié pleine de déférence pour le premier consul et, plus tard, pour l'empereur. La tentation de l'or anglais la fit, en 1806, sortir de sa quiétude. On sait le résultat. Naguère on eût dit qu'Iéna était le plus grand désastre militaire des temps modernes, mais depuis, hélas! nous avons eu Sedan! D'Iéna voici ce que j'ai retenu : A cette époque néfaste de son histoire, l'honneur de la nation vaincue s'incarna tout entier, dans la personne d'une jeune belle et noble femme. Et que les Prussiens s'en souviennent, l'opinion publique de la France, celle de toute l'Europe et la postérité, que rien n'abuse, et qui un jour jugera aussi les événements de notre temps, ont, d'un commun accord, pris alors parti contre l'insolent vainqueur et pour leur touchante reine. Cependant la blessure était restée saignante au fond des cœurs, Elle expliquera, nous le voulons, les fureurs vengeresses de 1814 et de 1815. Mais ne pensiez-vous pas, monsieur le rédacteur, que tant de haine, si légitime qu'elle fût, avait trouvé moyen de s'apaiser pendant la Restauration, et sous le règne de Louis-Philippe. Nous l'avions tous cru. En tous cas, il faut reconnaître qu'elle a été bien habilement dissimulée. Serait-ce l'établissement de la république de 1848 qui l'aurait fait renaître ? Point du tout. Demandez à M. Bastide. Il vous dira que, parmi les membres du corps diplomatique qui se pressaient dans son cabinet au lendemain de la révolution de février, il n'y en avait pas de plus assidu, de plus affectueux et de plus cordial que M. le comte de Hatzfeld. Ce qui le charmait dans le changement qui venait de s'accomplir, c'est qu'il allait resserrer étroitement les liens de la France et de la Prusse, et que leur intime union ne pouvait manquer d'avancer partout en Europe la grande œuvre de la paix, de la civilisation et du progrès. Est-ce l'avénement de l'empire qui aurait contrarié le cabinet de Berlin ? Pas davantage. Il n'a pas dépendu de M. le baron de Manteuffel qu'il n'eut lieu beaucoup plus tôt. Le ministre du roi Guillaume avait ostensiblement applaudi au coup d'État du 2 décembre, tandis que le parti des piétistes (*Nouvelle Gazette de Prusse*) s'y montra plus opposé. Lorsque parut certaine brochure sur la *Révision de la Constitu-*

tion, brochure qui fut attribuée au prince-président, et en tout cas publiée sous ses auspices, M. le baron de Manteuffel n'eut rien de plus pressé que de la faire traduire en allemand avec une préface élogieuse, et, pour que personne ne s'y trompât, de la donner à imprimer à la typographie intime et supérieure de la cour de Berlin. Quand se fit avec une certaine solennité l'ouverture du chemin de fer de Strasbourg, le roi de Prusse se hâta d'envoyer le général commandant les troupes des provinces rhénanes, M. de Hirchfeld, pour féliciter le prince-président à Nancy. M. de Hirchfeld l'accompagna jusqu'à Strasbourg ; et nous n'avons pas ouï dire qu'à Nancy ni à Strasbourg, M. de Hirchfeld ait alors parlé des droits éventuels de la Prusse sur la Lorraine et sur l'Alsace. Nous avons même souvenance que la *Gazette de la Croix* ayant laissé échapper, à cette occasion, quelques paroles malsonnantes, M. le baron de Manteuffel la fit avertir d'avoir à parler avec plus de mesure des affaires de France.

Le second empire définitivement établi, quelle allait être la politique du cabinet prussien ? Ah ! combien il s'en faut qu'elle se montrât fière à notre égard ou vis-à-vis de qui que ce soit au monde. Dans le conflit survenu à propos de la question d'Orient et dans la campagne militaire de Crimée de 1855, elle n'ose être ni pour ni contre personne. Mais quoiqu'elle fût restée si parfaitement inactive pendant que les autres se battaient, quoiqu'elle eût complétement abandonné, alors qu'il y avait quelques risques à courir, son rôle de grande puissance continentale, il en coûtait à son amour-propre d'être laissée de côté quand il ne s'agissait plus que de s'asseoir autour d'un tapis vert, et de mettre son nom au bas d'un protocole. A qui s'adresser, cependant. L'Angleterre et la Russie avaient contre elle gardé une assez naturelle mauvaise humeur. Ce ne fut jamais l'inclination de l'Autriche de faire le jeu de la puissance qu'elle considérait alors comme sa rivale en Allemagne. Restait la France. Le roi Guillaume n'avait, depuis son règne, rendu aucun service, petit ni grand, à l'empereur Napoléon III. N'importe. Il n'en coûta point à son orgueil de s'aller mettre sous la protection du souverain, dont le crédit pouvait seul lui ouvrir les portes du congrès de Paris. Napoléon III s'y prêta de bonne grâce. Dans la séance du 28 février 1856, M. Walewski proposa à ses collègues d'admettre la Prusse à prendre part à la négociation qui s'ouvrirait pour le renouvellement de la convention des Détroits. La recommandation du ministre français était chaleureuse, et ne rencontra point de difficultés. Sur le signal envoyé du quai d'Orsay, le baron de Manteuffel s'empressa aussitôt de quitter Berlin, et, tout plein de reconnaissance envers son obligeant introducteur, il prit enfin séance, le 18 mars 1856, avec le ministre de Prusse, le comte de Hatzfeld, dans le congrès de Paris.

En fait de service à demander, il n'y a que le premier pas qui coûte. Dans l'automne de 1856, la Prusse se trouva empêtrée dans une assez sotte aventure. Une conspiration avait éclaté dans le canton, ou plutôt dans la ville de Neufchâtel, ancienne possession de la maison de Brandebourg. Encouragés ou non de

Berlin, les conjurés avaient pris les armes pour rétablir l'ancien état des choses, tel qu'il existait avant
les événements de 1848, lorsque leurs concitoyens
n'avaient pas encore rompu les liens de vassalité qui
les rattachaient à la cour de Postdam. Leur tentative
avait misérablement avorté ; ils avaient tous été faits
prisonniers. Le gouvernement suisse ne se refusait pas
absolument à les relâcher ; il se bornait à demander,
comme condition préalable à leur mise en liberté, une
assurance. formelle donnée par la Prusse, qu'elle re-
nonçait à faire désormais valoir ses anciens droits.
Cette condition déplaisait fort au roi Guillaume. Volontiers, il promettait de ne les plus remettre sur le
tapis ; mais s'en désister publiquement sur la somma-
tion d'une insolente petite république, il ne fallait pas
lui en parler. Cependant, les hommes de Berne
tenaient ferme. Ils avaient même armé quelques
troupes fédérales qui attendaient assez fièrement,
dans leurs montagnes, le moment où, mettant ses
menaces à exécution, le cabinet prussien viendrait les
y chercher. Mais de Berlin à Schaffouse et à Bâle, par
où passer ? L'embarras était grand, Le roi Guillaume
se souvint qu'il avait à Paris, dans l'empereur des
Français, un ami de bonne volonté, lié lui-même avec
le général républicain, M. Dufour, de Genève. Prenant
alors sa meilleure plume, et s'adressant d'homme à
homme à son très-affectionné correspondant, il lui
demanda s'il ne pouvait pas intervenir et le tirer
de cette *mélancholique affaire de Neuchâtel.* L'empereur et M. Dufour s'en mêlant, la *mélancholique affaire*
fut, en effet, arrangée.

Nous voici presque arrivés à l'époque où l'unique querelle intentée par l'Allemagne au petit royaume de Danemark allait sortir de la phase des protocoles et des simples menaces diplomatiques, pour entrer dans la voie des violences inqualifiables. La guerre était au moment d'éclater. En prévision des éventualités qui s'ouvraient devant son ambition, comment le roi Guillaume n'eut-il pas redoublé de prévenances envers la France. Il n'y manqua point. De toutes les puissances de l'Europe, la Prusse fut presque la seule qui prit alors la peine de prendre tout à fait au sérieux et de répondre de la façon la plus sympathique à l'invitation de Napoléon III, qui rêvait alors la réunion d'un grand congrès au sein de sa capitale. Dans sa lettre, le roi Guillaume offrait à l'empereur « *son concours impartial et désintéressé.* » S'il fallait venir de sa personne à Paris pour prendre part lui-même aux conférences, cette perspective n'avait rien pour lui que de séduisant, « *sûr qu'il était d'y retrouver l'accueil cordial qui lui rendait si cher le souvenir de son précédent séjour à Compiégne.* » On ne pouvait s'exprimer plus obligeamment. Les actes se joignaient d'ailleurs aux paroles. Revenant de Vienne, où il avait été faire visite à son autre bon frère et ami l'empereur d'Autriche, le roi de Prusse se détourna exprès de son itinéraire pour aller, au mois de septembre, à Schwalbach présenter ses hommages à l'impératrice Eugénie.

Lorsque son maître se donnait tant de mal pour se rendre agréable, comment M. de Bismark aurait-il eu la mauvaise grâce de demeurer, de son côté, parfaitement tranquille ; cela n'eût pas été convenable. C'est pourquoi il sentit tout à coup le besoin de venir en France respirer l'air fortifiant de Biarritz. Pendant les loisirs faciles qu'à Biarritz comme partout donne la vie oisive des bains de mer, à quoi passer le temps sinon à causer, et quelle plus belle place, pour causer librement, que la plage de Biarritz, où se trouvaient alors Napoléon III, quelques-uns de ses ministres, et la plus fine fleur de la cour impériale? Le vent n'a pas emporté toutes les paroles alors jetées au hasard de la conversation, car nous les avons depuis, à notre grand étonnement, retrouvées presque mot pour mot dans des documents signés du nom même de l'empereur.

Il semblait qu'à Biarritz M. de Bismarck n'eût pas d'autre préoccupation que de bien faire comprendre à tout venant qu'il n'était pas un homme à préjugés, mais un politique de l'école moderne. L'empereur et M. de Cavour, voilà, parmi les personnages des temps présents, ceux qu'il admirait le plus. Il parlait volontiers de la *mission piémontaise de la Prusse*. Cependant une chose la gênait pour jouer le grand rôle qui lui appartenait dans le monde. « Elle avait une configuration impossible, malheureuse. *Elle manquait de ventre* du côté de Cassel. *Elle avait l'épaule démise* du côté du Hanovre. Elle était trop en l'air, et cette situation pénible la condamnait nécessairement à suivre en tout la politique de Vienne et de Saint-Pétersbourg, à tourner sans relâche dans l'orbite de la Sainte-Alliance. Mieux configurée, plus solidement assise, ayant tous ses membres au complet, elle serait rendue à elle-même. Elle aurait alors la *liberté des alliances*, et quelle alliance plus désirable alors pour elle, que celle de l'empire français... Si les agrandissements possibles de la Prusse semblaient être excessifs, et rompre la balance des forces, qu'est-ce qui empêcherait la France de s'arrondir à son tour? Pourquoi n'irait-elle pas prendre la Belgique, et y *écraser un nid de démagogie.* Ce n'est pas le cabinet de Berlin qui s'y opposerait. *Suum cuique;* telle était l'antique et vénérable devise de la monarchie prussienne.

De quelle façon inattendue cette vénérable devise de la monarchie prussienne devait trouver son application après la guerre du Danemark, vous ne l'avez peut-être pas oublié, monsieur le rédacteur. Le duché du Sleswig-Holstein avait été arraché aux mains de l'usurpateur, et plusieurs prétendants, dont les titres vénérables remontaient au quinzième siècle, s'en disputaient la possession. C'étaient un duc d'Oldenbourg, un prince de Hesse, etc., etc.... Plus tard, la maison de Brandebourg avait fini par découvrir qu'elle avait elle-même des droits sur ce duché. La question ne laissait pas que d'être embarrassante. M. de Bismarck avait des scrupules. Il ne se serait jamais consolé de remettre le territoire en litige en d'autres mains qu'en celles de son légitime propriétaire. Afin de se bien éclairer, il prit donc le parti de *consulter des légistes,* c'est-à-dire les syndics mêmes de la couronne. L'arrêt solennel rendu au mois de juillet 1865 mit enfin un terme à ses consciencieuses perplexités. Ces messieurs déclarèrent que les prétentions de toutes les parties étaient évidemment mal fondées ; ils déboutèrent, à la fois, la Hesse, l'Oldenbourg, le Sonderbourg-Augustenbourg ; et la maison de Brandebourg elle-même, tant leur impartialité était grande ! Ils reconnaissaient publiquement que le roi de Danemark avait seul des droits sur le Sleswig-Holstein. Oh ! la belle sentence prononcée par les juges de Berlin ; et quelle merveilleuse conclusion celle qu'en tire aussitôt M. de Bismarck ! Puisqu'il ne s'agissait plus d'une question de succession, puisque en définitive, et malgré ce que la Prusse et l'Autriche en avaient cru jusque là, il se trouvait que le roi de Danemark était le vrai et légitime souverain du Sleswig-Holstein, la conséquence était claire et forcée. Ce territoire leur appartenait à toutes deux par droit de conquête, ce droit si cher à M. de Bismarck, à ses yeux le premier et le plus fort de tous les droits. Mais pourquoi l'empereur François-Joseph irait-il s'embarrasser d'une province si éloignée de ses domaines ? et que pourrait-il faire mieux que de la céder à son bon frère et bon ami le roi Guillaume Ier? Les deux bons frères et bons amis eurent toutefois grand'peine à se mettre d'accord sur l'honnête partage. La convention provisoire signée entre eux à Gastein, le 14 août 1865, n'avait été qu'un méchant replâtrage. La guerre avec l'Autriche devenait imminente, c'est pourquoi, au mois d'octobre suivant, afin de retremper ses forces avant la lutte, le président du conseil de Prusse éprouva le besoin de se rendre de nouveau à Biarritz, où, par hasard encore, l'empereur se trouvait résider en ce moment.

Plombières, petite ville cachée au fond d'une sombre vallée des Vosges ; Biarritz étagée en plein soleil sur les collines sablonneuses qui bordent le fond du golfe de Gascogne, quelles scènes curieuses se sont passées dans vos murs? L'histoire les racontera un jour. Déjà, car son but une fois atteint, M. Cavour était le moins mystérieux des hommes, nous connaissons les paroles que le ministre du roi Victor-Emmanuel échangea dans la modeste auberge lorraine avec le futur fondateur de l'unité italienne. On sait moins ce qui s'est passé à la villa Eugénie. A Biarritz, c'était l'habitude de l'empereur d'arpenter à pas lents avec son hôte la longue terrasse, d'où la vue s'étend au loin sur l'Océan et sur la chaîne des Pyrénées. Tous les yeux pouvaient à leur aise suivre les deux promeneurs, mais aucune oreille ne pouvait les entendre. Si, comme il est probable, M. de Bismarck prit soin de développer, dans ses intimes entretiens avec le maître, les mêmes thèses dont il faisait part aux personnes de l'entourage, la curiosité de l'empereur dut être fortement excitée. Plus que jamais le ministre de Prusse se posait en libre esprit, en novateur intrépide. Il était difficile de se montrer plus amusant avec entrain, plus sarcastique, plus affranchi de préjugés et plus volontairement indiscret. Il ne se contentait pas de chanter les éloges de la France ; il se plaisait à faire lui-même les honneurs de son pays. Il ne tarissait pas de plaisanteries sur les vieux politiques attardés de la cour de Potsdam, en particulier sur la Chambre des seigneurs, « composée de respectables *perruques*, » sur la Chambre des députés, également composée de *perruques*, mais point du tout respectables. Il ne craignait même pas de faire allusion à un haut personnage, le plus respectable mais aussi le plus *perruque* de tous. Celui-là lui donnait plus de mal à lui seul que tous les autres ensemble; c'était une vieille pendule qu'il lui fallait remonter tous les matins. Ah! pour son compte, il savait bien ce qu'il aurait à faire; *malheureusement, son roi était trop honnête.* »

Tout en se promenant sur la terrasse de Biarritz, M. de Bismarck cherchait-il, de concert avec l'empereur, les moyens de rendre le roi Guillaume un peu moins *perruque* et un peu moins honnête? C'est probable, mais personne ne l'a jamais su. Il paraît d'ailleurs démontré que s'il débita beaucoup de paroles que l'empereur n'écouta point sans plaisir, M. de Bismarck n'en recueillit en retour que d'assez rares et de passablement énigmatiques. Après avoir exposé à satiété, avec force détails, ses plans divers pour l'aggrandissement de son pays, c'était sa coutume de s'arrêter court, et de demander à son interlocuteur : « Si nous prenons ceci, ou bien cela, vous, que prendrez-vous. — Nous! mais nous ne voulons rien. » Alors M. de Bismarck, sans se décourager, recommençait sur de nouveaux frais, puis terminait par la même question et recevait encore la même réponse.

Voilà à peu près, si je suis bien informé, tout ce qui s'est passé à Biarritz.

En traversant Paris, le président du conseil de Berlin eut occasion de voir notre ministre des affaires étrangères. Il ne rencontra point une beaucoup plus grande ouverture chez M. Drouyn de Lhuys. Le souverain n'avait point parlé, parce qu'il n'avait rien voulu dire. Le ministre se taisait, peut-être parce qu'il ne savait rien, et M. de Bismarck dut s'en retourner en Allemagne, un peu contrarié de ce double silence, inquiet de savoir comment il lui fallait l'interpréter, et n'emportant, je le crois, qu'une demi-confiance dans le personnage indéchiffrable qu'il avait tant pressé de questions, et auquel ses ennemis ont souvent fait ce reproche : de ne jamais parler et de toujours mentir. Somme toute, M. de Bismarck en avait cependant assez appris pour aller désormais de l'avant. Il avait, avec sa finesse ordinaire, deviné les motifs de la réserve impériale ; et sans doute il se rappelait qu'en certaines circonstances, comme dit le proverbe arabe : *Si la parole est d'argent, le silence est d'or.*

Vous savez ce qui s'ensuivit, et comment, dépouillant en effet le vieil homme, M. de Bismarck prit subitement, pendant l'hiver de 1865 à 1866, les allures de la politique la plus moderne et la plus révolutionnaire. Il avait apparemment réussi à défriser un peu les perruques à marteau de la cour des seigneurs, et à calmer tant soit peu les scrupules de son trop timoré et trop honnête souverain, car on vit dès ce moment la diplomatie prussienne s'engager à fond dans les mêmes voies où s'était jeté naguère l'entreprenant M. de Cavour. Le premier gage de cette politique fut l'alliance offensive contractée, sous le patronage de la France, avec le successeur de l'illustre ministre italien. M. de Bismarck ne se contentait pas de lui emprunter seulement sa politique, il copiait servilement tous ses anciens procédés d'attaque contre l'Autriche. C'est ainsi qu'il faisait inviter le vainqueur de Marsala à s'aller jeter avec ses hommes à chemise rouge sur les côtes de la Dalmatie. Il appelait patemment en Hongrie le général Klapka. Quant à la Roumanie, il n'était pas besoin de s'en occuper. On y avait d'avance placé, grâce encore à l'initiative de la France, un de ces princes de la famille multiple de Hohenzollern, qui semble vouloir remplacer, pour la fourniture de candidats aux trônes de l'Europe, la pépinière aujourd'hui un peu épuisée des Cobourg. Tout étant prêt, alors la guerre éclata.

Pour qui tenait la France sur ce grand champ de bataille de la Bohême? Favorisait-elle de ses vœux ou la Prusse ou l'Autriche? J'aurais grand'peine à vous le dire. Il faut croire, toutefois, que les choses avaient tourné selon nos souhaits, car le soir du jour où nous arriva la fameuse nouvelle de la paix de Prague, l'ordre fut donné d'illuminer Paris, afin de célébrer comme il convenait le nouveau succès obtenu par la profonde habileté de l'empereur Napoléon III. Le cas ne laissait pas toutefois que d'être embarrassant. Nous avions fondé l'unité de l'Italie; à son tour, la Prusse fondait l'unité de l'Allemagne. Qu'avions-nous à dire? Nous prîmes le parti de ne rien dire du tout : sinon, que cela était bien glorieux pour nous d'avoir fait école, et que le roi de Prusse voulût bien nous imiter. Imité! je me trompe. Ah! que de son premier pas l'honnête roi Guillaume nous avait superbement dépassés. Enfants que nous sommes, nous avions, après la guerre d'Italie, laissé prendre les grosses parts à d'autres. Pour notre compte, nous ne nous étions rien ou presque rien adjugé : Nice et la Savoie, tout au plus. Encore y avons-nous mis toutes sortes de façons, en consultant, par la voie du suffrage universel, le vœu des populations. C'était bien mesquin, et digne d'un pays révolutionnaire comme le nôtre. Combien plus dignes les façons d'agir du roi Guillaume, ce monarque de droit divin, et combien plus conformes surtout aux doctrines de la Sainte-Alliance, aux maximes de l'Évangile et de la vraie charité chrétienne.

Le tout-puissant Seigneur de qui dépend le sort des batailles, auquel il appartient de donner ou retirer la victoire, avait daigné prononcer lui-même dans cette grande cause. Il avait ordonné à son pieux serviteur d'abaisser devant lui l'orgueil des rois de Saxe, de Wurtemberg et de Bavière, de remettre à leur place le grand-duc de Hesse et le grand-duc de Baden ; il lui avait commandé de s'approprier les territoires du duc de Nassau et de l'électeur de Hesse, de prendre Francfort, de mettre enfin sur sa tête la couronne de son très-cher frère le roi de Hanovre. C'étaient là des arrêts bien pénibles à exécuter. Mais quoi ! les voies de Dieu sont toujours droites et ses desseins sont insondables. Éclairé par la grâce d'en haut, et prêché tout bas par son ministre, le roi Guillaume se résigna ; il était prêt à se sacrifier ; rien ne lui coûtait plus ; il était même prêt à devenir, s'il le fallait, le tout-puissant empereur d'une magnifique Allemagne.

Comme lui, nous aussi, nous nous étions résignés à ces brusques changements. Résignés n'est pas non plus assez dire. Est-ce que l'empire a jamais pu convenir qu'il eût, en quelque occasion que ce fût, éprouvé le moindre déboire ? Nous nous sommes, au contraire, publiquement réjouis des modifications apportées à la carte de l'Europe. Elles furent alors solennellement placées par le neveu et le successeur de Napoléon Ier, sous la protection de la grande mémoire de l'illustre prisonnier de Sainte-Hélène, zélé partisan, comme chacun sait, des grandes agglomérations, mais qui n'avait point passé, jusqu'alors, pour s'être occupé, de son vivant, de les constituer au profit de la Prusse. Quoi qu'il en fût, ces grandes agglomérations, à lire la fameuse circulaire de M. de La Valette, ne pouvaient que nous être extrêmement favorables. C'est ainsi que s'en étaient exprimés à l'avance, dans leurs journaux, les représentants les plus attitrés de la démocratie impériale. « Plus des États limitrophes sont puissants, s'était écrié l'un d'eux, au mois de mai 1866, plus il y a d'égalité dans leurs forces, moins il y a de chances de guerre... » Une politique qui, par le seul fait d'une entente morale et purement diplomatique, permettrait de compléter l'unité de l'Italie, de reconstituer l'Allemagne et de briser le faisceau de la coalition européenne, une telle politique ne manquerait, après tout, ni de fécondité ni de grandeur. A chercher, dans cette voie, on peut se tromper sans rougir. »

Évidemment on s'était trompé ; puisqu'au printemps de 1870, Napoléon III s'est cru obligé d'entrer en campagne précisément pour combattre la Prusse, qui avait reconstitué l'Allemagne, et pour détruire, les armes à la main, cette belle œuvre à laquelle, quatre années auparavant, on se vantait si haut d'avoir puissamment contribué. Sur les causes apparentes ou réelles de la rupture avec la Prusse, sur les incidents de la candidature Hohenzollern, à quoi bon insister. Volontiers, je mettrai (est-ce bien juste ?) tous les torts de notre côté ; volontiers, j'oublierai que tous les hommes sensés en France ont été d'accord pour déplorer cette folle guerre ; je m'en tiendrai strictement, s'il le faut, à la lettre morte de la défunte Constitution impériale ; et je reconnaîtrai que la majorité du Corps législatif, cette majorité, issue des candidatures officielles, et qui ne représentait que le gouvernement lui-même, a voté la guerre, et l'a ainsi prise à son compte ; je confesserai, la rougeur au front, qu'il s'est trouvé à Paris des braillards insensés (combien étaient de la police?) qui se sont mis à parcourir nos boulevards, en criant à tue-tête : A Berlin! à Berlin! Mais le gouvernement d'alors, mais la majorité du Corps législatif, mais ces braillards des rues, où sont-ils maintenant? Tout cela a disparu, et c'est justice. Nous ne sommes pas allés à Berlin, et ce sont les Prussiens, hélas ! qui sont autour de Paris. Combien la situation est changée depuis trois mois ! Mais elle n'est pas seulement changée pour nous ; elle l'est également pour l'Europe entière. Nous étions alors les agresseurs, et nous avions le droit contre nous ; le droit a repassé de notre côté, depuis qu'ayant déposé le coupable auteur de tant d'odieux méfaits, notre pays n'entend plus combattre désormais que pour sauver son honneur et l'intégrité de son territoire.

Convenez-en, nous avons réussi à nous rendre, pendant vingt ans, parfaitement désagréables à tous les autres peuples de la terre, particulièrement à nos voisins d'Allemagne. Le régime auquel nous venons d'échapper, a puissamment contribué à développer chez certaines classes de la société les côtés tapageurs et vaniteux de notre vieux caractère gaulois. La parole était aux bateleurs ; ils étaient les favoris du dernier règne. Seuls, ils ont pu parler sans entrave à la foule ignorante et légère. Mais quoi ! l'Europe intelligente s'y serait-elle laissé tromper ? S'est-elle figurée, quand elle prêtait l'oreille à cet étrange concert, qu'elle entendait la voix de notre pays ? Derrière les effrontés qui se démenaient pour attirer ses regards, est-ce qu'elle n'aurait pas su découvrir à distance une autre France, muette, voilée et comme recueillie dans sa tristesse, la véritable France enfin, celle qui, n'ayant pas perdu le respect d'elle-même, se flatte d'avoir conservé quelques droits à la sympathie des âmes honnêtes et libérales ?

Sans fanfaronnade, sans jactance, mais non sans quelque confiance dans la bonté de sa cause, voilà la France qui, à cette heure douloureuse de son histoire, se dresse aujourd'hui devant le monde attentif, et lui demande d'être juge entre elle et ses adversaires. Elle a failli, elle en convient, et s'il faut expier ses torts, elle les expiera. Mais que l'Europe considère, à son tour, ces vengeurs inattendus de la justice outragée et du droit des gens méconnu. Qu'elle les regarde donc en face, elle reconnaîtra en eux les héritiers du grand politique retors, qui a tramé le partage de la Pologne et porté la première atteinte à l'équilibre de la vieille Europe. Principes et caractères changent de règne en règne dans cette race ambitieuse. On y est cruel ou débonnaire, athée ou religieux, suivant les temps ; la rapacité seule reste toujours la même. C'est bien la dynastie qui, après avoir pris les armes en 1814, pour rétablir, disait-elle, les princes légitimes sur leur trône, venait demander au congrès de Vienne de lui abandonner le royaume de Saxe pour récompense de ses exploits. Professer la théorie du désintéressement ne lui coûte rien, mais ne la mettez pas à l'épreuve. *« La Prusse ne doit faire en Allemagne que des conquêtes morales, »* s'écrie, le 8 novembre 1852, le roi Guillaume, au moment où il accepte la régence des mains de son frère; mais vienne l'occasion, et il trouvera tout simple de s'emparer de Nassau, de Francfort et du Hanovre. *« Je ne fais la guerre qu'à l'empereur, et nullement à la France, »* dit encore le même prince dans sa proclamation du mois de juillet dernier. Mais que la fortune le favorise, et, l'empereur tombé, le roi Guillaume n'hésitera pas à réclamer l'Alsace et la Lorraine. Ah! que son honnêteté lui pèse peu désormais! et combien vite il a adopté la devise de son digne ministre : *La force prime le droit.*

Oui, la force prime le droit. Voilà bien la vérité que les plus faibles doivent s'habituer à entendre sans cesse résonner à leurs oreilles. Cette cruelle vérité, elle a été proclamée tour à tour en Italie, après Solferino, en Allemagne, après Kœnigsgraetz. Elle est présentement en train de faire son tour d'Europe; et ce ne sera pas la faute des Prussiens si elle n'entre, enseignes déployées, dans les murs de Paris; alors, n'en doutez pas, son règne est assuré pour longtemps sur la surface de la terre. C'est à quoi les nations, même les plus puissantes à l'heure où j'écris, feraient peut-être bien de songer. Qu'elles ne s'imaginent pas avoir rempli toutes leurs obligations, lorsqu'elles sont intervenues pour conseiller platoniquement la paix aux deux belligérants. Il ne s'agit pas de la souhaiter; il faudrait avoir la hardiesse de l'imposer à qui la refuse. Ne pensez pas, monsieur le rédacteur, qu'en donnant ces avertissements aux cabinets étrangers, je veuille faire appel à leur compassion. Je n'y crois pas; et je ne m'en soucie guère. Il ne me déplaît pas que les Prussiens viennent s'essayer contre nos murailles. Je les crois de force à les recevoir; j'ai la fierté de penser que nous sommes capables de nous sauver par nous-mêmes, et que la fortune de la France ne sombrera pas dans le duel à mort qu'elle soutient seule aujourd'hui et sans nul assistant. Mais, croyez-moi, la molle attitude des puissances étrangères nous est moins préjudiciable à nous-mêmes qu'elle ne leur est honteuse, et, j'ose dire, contraire à leur véritable intérêt, car c'est de leurs intérêts bien entendus qu'il s'agit ici. La générosité, il n'en peut guère être question de peuple à peuple; et puisque nous sommes nécessairement hors de cause, puisque la nation polonaise a cessé de compter parmi les États européens, peut-être faut-il ajouter qu'il ne reste plus une seule race d'hommes sous le soleil capable de céder, sans autre stimulant, à un pur mouvement d'honneur. S'imposer quelques sacrifices, courir volontairement quelques risques, afin d'en tirer plus tard certains avantages, c'est une règle de conduite que suivaient jadis les cabinets les moins puissants et les plus circonspects, c'était la tradition constante de la diplomatie, et pour ainsi dire l'A B C du métier. Combien tout cela est changé! L'égoïsme international est à l'ordre du jour et domine sans partage; et quel égoïsme inconscient et stupide, pareil à celui de l'homme qui verrait brûler la maison de son voisin sans lui porter secours. Mais rassurez-vous, monsieur le rédacteur, notre maison ne sera point brûlée, jusqu'à terre du moins, et nous arrêterons nous-mêmes les ravages de l'incendie. Je suis convaincu que nous n'aurons pas à faire le sacrifice d'aucun de nos départements, et que nous ne serons pas réduits à démolir une seule de nos forteresses. Fallut-il en détacher quelques pierres, je m'en consolerais, car les pierres se remplacent d'ailleurs. Qui donc nous empêcherait de construire, loin de nos frontières, de nouvelles citadelles qui ne nous donneraient pas accès chez les autres, ce que, pour ma part, je ne désire guère, mais qui empêcheraient les autres d'entrer trop avant chez nous, ce dont je me soucie beaucoup? En tous cas, nous garderons toujours tous nos beaux vaisseaux, et leurs braves matelots si propres à faire partout, sur terre et sur mer, de la si bonne besogne. Avec cela, croyez-moi, monsieur le rédacteur, il faudra toujours compter un peu avec nous. Ambitieux, pourquoi le serions-nous? il nous a si mal réussi de nous mêler des affaires des autres.

Tenez pour certain que le gouvernement, quel qu'il soit, qui héritera avec un titre parfaitement régulier, du régime aujourd'hui tombé, sera un gouvernement essentiellement pacifique, qui aura pour principale occupation de combler les vides de nos finances, de panser les plaies morales de notre société, de pourvoir équitablement au bien-être physique et à l'avance-

ment intellectuel des classes déshéritées de la fortune.
Ce n'est pas lui qui se mêlera d'agiter au dehors des
questions irritantes et de courir les lontaines aven-
tures. Pour longtemps, soyez-en persuadé, il se sen-
tira indifférent et comme désintéressé dans ces riva-
lités d'influence extérieure, qui sont pour ainsi dire la
vie de luxe des nations. Forcément de sang-froid, et
nécessairement impartiaux, en serons-nous, pour
cela, réduits à l'impuissance? Bien au contraire ;
n'ayant, pendant la durée de nos rudes épreuves, con-
tracté d'obligations envers aucun cabinet de l'Europe,
ne prétendant à rien, sinon à vivre tranquilles, libres
et respectés, quelle aisance d'allures n'aurons-nous
pas dans nos relations avec les cabinets étrangers ;
car, pour eux, le cours des affaires européennes ne
sera point arrêté ; mais de quel droit viendraient-ils
nous demander de nous en mêler? A quel titre l'Italie
nous prierait-elle de l'aider contre l'Autriche, ou
l'Autriche contre la Prusse.

Vienne à éclater la question d'Orient, que nous im-
portera le sort de Constantinople? Si par hasard la
Russie s'entend avec la Prusse et les États-Unis pour
s'emparer du Bosphore, qu'aurons-nous à y voir? Nos
anciens compagnons d'armes de Crimée, auxquels
nous avons été assez heureux pour rendre quelques
services aux journées d'Inkermann et de Balaclava,
sentiront bien, en gens sensés et positifs qu'ils sont,
que le temps est passé de nous demander d'aller dé-
penser, à leur profit, un seul homme, un seul écu. Si
la nouvelle Allemagne désire s'annexer un jour les
Pays-Bas, qui lui donneraient de si beaux ports sur la

mer du Nord, en quoi cela nous regardera-t-il? et comment serions-nous embarrassés de répondre à nos voisins d'outre-Manche, que c'est à eux de défendre les intérêts de leur commerce? Ah! sans doute, un jour viendra, dans combien de temps, je ne le saurais dire, où les puissances étrangères s'apercevront, les unes après les autres, ou toutes à la fois, que l'abstention de la France cause un certain vide parmi elles, et que cette grande machine un peu compliquée de l'équilibre européen n'est plus d'aplomb quand nous n'y tenons pas la main. Alors les plus avisés nous solliciteront peut-être de vouloir bien rentrer un jour. Faudra-t-il y consentir, au profit de qui faudra-t-il reprendre les cartes, et quels seront nos partenaires? Il sera temps d'y songer plus tard. Présentement, devant la Prusse victorieuse, c'est un désarroi général et un véritable sauve qui peut européen.

Si vous voulez vous rendre compte, monsieur le rédacteur, de ce qu'est devenu l'esprit politique des cabinets européens, considérez ce qui s'est passé il y a six semaines à Paris, et ce qui se passe aujourd'hui à Versailles. Dès avant le commencement du siége, les membres du corps diplomatique se sont divisés en deux groupes. Les représentants des quatre grandes puissances, la Russie, l'Angleterre, l'Autriche et l'Italie, ont été les plus pressés de partir pour Tours, avant même que Paris ne fût investi, se privant ainsi de la possibilité de communiquer avec notre ministre des affaires étrangères, et d'informer leur cour de ce qui se passait dans notre capitale. L'autre groupe est demeuré ici, ayant à sa tête le nonce, son doyen.

Parmi les ministres demeurés à Paris, on comptait, et l'on compte encore, les envoyés de la Belgique et de la Suisse. Tous ensemble ils représentaient dans nos murs les droits incontestés des puissances neutres. Quel neutre, par excellence, qu'un nonce du pape, ce délégué ecclésiastique d'un souverain aujourd'hui privé de ses États, et ne possédant qu'une autorité toute morale! La neutralité de la Belgique et celle de la Suisse ne résultent pas seulement, vous le savez, de ce qu'ils ne sont pas les alliés d'aucune des deux nations belligérantes. Cette neutralité est virtuellement reconnue par des traités spéciaux qui portent la signature de toutes les puissances européennes, en particulier, celle de la Prusse. Quant à la Hollande, elle avait accepté, si je ne me trompe, de prendre sous son patronage quelques-uns des sujets de la Confédération germanique.

Dans une position si forte, que pensez-vous qu'ait imaginé le nonce du pape, agissant en son nom privé, ou par délégation de ses collègues? on n'est pas bien d'accord sur ce point. Il a commencé par mettre lui-même en doute son propre droit, et il est allé demander, à qui? à M. Jules Favre, le ministre de la puissance belligérante par excellence, de vouloir bien s'adresser à M. de Bismarck, l'autre ministre de l'autre puissance belligérante, afin de s'informer si la Prusse voulait bien reconnaître aux représentants des puissances neutres, la permission d'écrire à leurs cours et d'en recevoir les dépêches. C'était renverser absolument les situations, et faire soi-même le jeu de M. de Bismarck. M. de Bismarck l'a parfaitement compris. Il a commencé par rester dix jours sans répondre et puis, tout naturellement aussi, comme on lui demandait une faveur, il l'a refusée. Grand a été le récri parmi les membres du corps diplomatique. Alors il a bien voulu leur permettre d'expédier leurs dépêches, à la condition qu'il pourrait en prendre lecture. C'était les traiter en écoliers, ils ont refusé. L'affaire en est restée là. A l'heure où je vous écris, je crois que ces messieurs ont, de guerre lasse, obtenu de pouvoir cacheter leurs dépêches. Là s'est arrêtée la complaisance de M. de Bismarck, et jamais il n'a voulu leur permettre de recevoir directement les ordres de leur cour. Mais ce refus si grave n'a été lui-même que le prélude de l'accueil que le cabinet de Berlin réservait à la proposition d'armistice des quatre grandes puissances. Nous avons appris depuis quarante-huit heures, quelle estime M. de Bismarck professe pour l'intervention des neutres dans les affaires de l'Europe, et quel rôle il leur ménage dans l'avenir. Aujourd'hui tout est clair. Nous savons, nous, quel est notre devoir ; et Dieu aidant, nous l'accomplirons. Les cabinets étrangers peuvent prévoir également le sort qui les attend ; auront-ils le courage de leur prévoyance ? Voilà toute la question.

Cte D'HAUSSONVILLE.

www.ingramcontent.com/pod-product-compliance
Lightning Source LLC
Chambersburg PA
CBHW061332050726
47595CB00005B/1891